Matthias Fiedler

Ideia de correspondência imobiliária inovadora: a mediação imobiliária simplificada

Correspondência imobiliária: a mediação imobiliária eficiente, simplificada e profissional através de um portal inovador de correspondência

Detalhes da publicação

1ª Edição Impressa | Fevereiro de 2017
(Originalmente publicado em alemão, dezembro 2016)

© 2016 Matthias Fiedler

Matthias Fiedler
Erika-von-Brockdorff-Str. 19
41352 Korschenbroich
Alemanha
www.matthiasfiedler.net

Produção e impressão:
Ver impressão na última página

Design da capa: Matthias Fiedler
Elaboração do E-Book: Matthias Fiedler

ISBN-13 (Paperback): 978-3-9818618-2-2
ISBN-13 (E-Book mobi): 978-3-9818618-3-9
ISBN-13 (E-Book epub): 978-3-9818618-4-6

Informações bibliográficas da Biblioteca Nacional Alemã: a Biblioteca Nacional Alemã registou esta publicação na Bibliografia Nacional Alemã. Os dados bibliográficos detalhados estão disponíveis na Internet no endereço http://dnb.d-nb.de

CONTEÚDO

Este livro apresenta um conceito revolucionário para um portal de correspondência imobiliária internacional (App - Aplicação), com o cálculo do elevado potencial de vendas (milhões de Euros) que será integrado no software dos agentes imobiliários e que inclui a avaliação de imóveis (potencial de venda de milhões de euros). Através deste portal é possível partilhar de forma rápida e eficiente as propriedades do setor residencial ou comercial, para venda ou arrendamento, de forma rápida e eficiente. Este é o futuro dos serviços imobiliários inovadores e profissionais para todos os agentes imobiliários, bem como compradores e intervenientes no setor imobiliário. A correspondência imobiliária funciona em praticamente todos os países e até mesmo a nível internacional.

Em vez de "levar" propriedades até ao comprador ou arrendatário, o portal de correspondência imobiliária compara e associa os potenciais interessados adequados (perfil de pesquisa) às propriedades partilhadas pelos agentes imobiliários.

ÍNDICE

Prefácio   Página 07

1. Ideia inovadora de correspondência imobiliária:
simplificar a mediação imobiliária   Página 08

2. Objetivos dos compradores ou arrendatários
de imóveis e dos agentes imobiliários   Página 09

3. Abordagem anterior de procura de imóveis   Página 10

4. Desvantagens da oferta privada / Vantagens
dos agentes imobiliários   Página 12

5. Correspondência imobiliária   Página 14

6. Âmbito de aplicação   Página 21

7. Vantagens   Página 22

8. Exemplo de cálculo (potencial)   Página 24

9. Resultado   Página 33

10. Integração do Portal de Correspondência
Imobiliária num novo software de um agente
imobiliário, incluindo avaliação do imóvel   Página 36

PREFÁCIO

A ideia da correspondência imobiliária inovadora foi concebida e desenvolvida por mim em 2011.

Trabalho no ramo imobiliário desde 1998 (nomeadamente na mediação imobiliária, compra e venda, avaliação, arrendamento e desenvolvimento de projetos imobiliários). Possuo especialização na área de imóveis (IHK), sou licenciado em economia imobiliária (ADI) e especialista em avaliação imobiliária (DEKRA), bem como membro da internacionalmente reconhecida associação imobiliária Royal Institution of Chartered Surveyors (MRICS).

Matthias Fiedler
Korschenbroich, 31/10/2016
www.matthiasfiedler.net

1. Ideia de correspondência imobiliária inovadora: simplificar a mediação mobiliária

Correspondência imobiliária: mediação imobiliária simplificada, eficiente e profissional, através de um portal de correspondência inovador

Em vez de "levar" propriedades até ao comprador ou arrendatário, o portal de correspondência imobiliária compara e associa os potenciais interessados adequados (perfil de pesquisa) às propriedades partilhadas pelos agentes imobiliários.

2. Objetivos dos proprietários de imóveis e dos agentes imobiliários

Do ponto de vista dos proprietários, é importante vender ou arrendar os seus imóveis o mais rapidamente possível e pelo preço mais elevado possível.

Do ponto de vista dos compradores ou arrendatários, é importante encontrar um imóvel ao seu gosto, bem como poder realizar a compra ou arrendamento de forma simples e rápida.

3. Abordagem anterior de procura de imóveis

Normalmente, as pessoas interessadas em comprar ou arrendar propriedades procuram os imóveis na região pretendida nos grandes portais imobiliários da Internet. Nesses portais, podem receber indicações de imóveis e listas com links para cada imóvel por e-mail, após o rápido preenchimento do perfil de pesquisa. Normalmente, são bem-sucedidas após a visita a dois ou três portais imobiliários. Subsequentemente, os proprietários são, por norma, contactados por e-mail. Desta forma, os proprietários têm a possibilidade e estão autorizados a estabelecer contacto com os interessados.

Adicionalmente, os interessados serão contactados pelos agentes imobiliários disponíveis na região pretendida através do respetivo perfil de pesquisa.

Quem oferece propriedades nos portais imobiliários são pessoas provenientes do setor residencial e comercial. As entidades do setor comercial são predominantemente agentes imobiliários e alguns são empreiteiros, agências imobiliárias e outras empresas do ramo imobiliário (no texto, as pessoas do setor comercial serão denominadas agentes imobiliários).

4. Desvantagens da oferta privada / Vantagens dos agentes imobiliários

A venda imediata do imóvel nem sempre é garantida para o vendedor privado. Isso pode ficar a dever-se a diversos fatores como, por exemplo, a não existência de acordo entre os herdeiros ou a falta de certificados sucessórios. Adicionalmente, temas legais não esclarecidos ou outras leis da habitação podem dificultar a venda.

No caso de imóveis arrendados, o senhorio pode não ter pedido as autorizações necessárias quando, por exemplo, pretende arrendar um imóvel ou área comercial como habitação.

Quando um agente imobiliário oferece propriedades para venda ou arrendamento no portal, tem já todos os documentos relevantes preparados (planta, planta de localização, registo predial, certificação energética e outros documentos). Desta forma, a venda ou o ou arrendamento decorrem rapidamente e sem incidentes.

5. Correspondência imobiliária

Para alcançar de forma rápida e eficiente uma correspondência entre interessados em venda ou arrendamento e proprietários, é importante recorrer a uma metodologia profissional e sistematizada.

Neste caso, o sucesso resulta da utilização de um método ou processo inverso de pesquisar e encontrar o imóvel entre os agentes imobiliários e os interessados. Isso significa que, em vez de "levar" os imóveis até aos compradores ou arrendatários, o portal de correspondência imobiliária (App – Aplicação) compara e associa os potenciais interessados adequados (perfil de pesquisa) aos imóveis partilhados pelos agentes imobiliários.

Na primeira etapa, os interessados preenchem um perfil real de pesquisa no portal de correspondência imobiliária. Esse perfil de pesquisa contém aproximadamente vinte atributos. Os seguintes atributos, entre outros, (a lista não está completa) são essenciais para o perfil de pesquisa:

- Região/ Código Postal/ Cidade
- Tipo de imóvel
- Área do terreno
- Área útil de habitação
- Preço de venda/arrendamento
- Ano de construção
- Piso
- Número de quartos
- Arrendado (sim/ não)
- Cave (sim/ não)
- Varanda/ Terraço (sim/ não)
- Tipo de aquecimento
- Lugar de garagem (sim/ não)

Nesta fase é importante que os atributos não sejam introduzidos livremente, mas que, ao clicar e abrir os campos de atributos respetivos (por exemplo, o tipo de imóvel), seja possível escolher as possibilidades/opções numa lista apresentada (por exemplo, para tipo de imóvel: apartamento, moradia, armazém, escritório...).

Podem ser implementados perfis de pesquisa adicionais pelos interessados, além de também ser possível alterar o perfil de pesquisa.

Além disso, os dados completos de contacto dos interessados serão inseridos em campos predefinidos. Estes campos são o nome, o apelido, a rua e número, o código postal, a localidade, o telefone e o endereço de e-mail.
Neste contexto, os interessados dão o seu consentimento para que os agentes imobiliários os contactem e enviem os imóveis adequados disponíveis nas páginas dos agentes imobiliários.

Adicionalmente, os interessados celebram um contrato com o operador do portal de correspondência imobiliária.

No passo seguinte, os perfis de pesquisa são inseridos numa interface programada (API - Application Programming Interface) - comparável, por exemplo, à interface programada alemã "openimmo", - com contactos de agentes imobiliários, ainda não visíveis, à disposição. Para este fim, é de notar que essa interface programada – quase a chave para a sua implementação – deve localizar, apoiar e garantir a comunicação entre todas as partes, através do software de agentes imobiliários. Se isso não acontecer, deverá ser possibilitado através da tecnologia. Como na prática já existem interfaces programadas como a "openimmo" acima referida além de outras funcionalidades, a transferência do perfil de pesquisa deve ser possível.

Agora, os agentes imobiliários comparam os imóveis que têm com os perfis de pesquisa. Para tal, os imóveis do portal de correspondência imobiliária serão importados e os respetivos atributos serão comparados e associados.

Após uma comparação bem-sucedida, são apresentadas correspondências em termos de percentagem nos campos correspondentes. A partir de uma correspondência de, por exemplo 50%, os perfis de pesquisa são apresentados no software dos agentes imobiliários.

Os atributos individuais são ponderados entre si (sistema de pontos) para que, após uma comparação dos atributos, sejam apresentados os resultados da percentagem de correspondência (probabilidade de correspondência). Por exemplo, o atributo "tipo de propriedade" apresenta uma ponderação superior ao atributo "área útil de habitação". Além disso, é possível selecionar determinadas características que o imóvel deve ter (por exemplo, cave).

No decorrer da comparação dos atributos para a correspondência deve ter-se em consideração que o agente imobiliário deve ter acesso apenas às regiões que selecionou (reservou). Este fator reduz o processamento necessário para a correspondência de dados, sobretudo porque os respetivos agentes imobiliários atuam frequentemente a nível regional. A este respeito devemos acrescentar que, através da "Nuvem", hoje em dia é possível armazenar e processar uma grande quantidade de dados.

Para garantir uma gestão profissional de imóveis, os agentes imobiliários têm apenas acesso aos perfis de pesquisa.

Pata tal, os agentes imobiliários celebram um contrato com o operador do portal de correspondência.

Após a respetiva comparação/correspondência, os agentes imobiliários podem entrar em contacto com os interessados e vice-versa. Isto também significa que, quando o agente imobiliário envia as informações do imóvel aos interessados, é criado um certificado de atividade, pelo que quando ocorrer um aluguer ou uma venda, o agente imobiliário pode reivindicar a sua comissão.

Isto pressupõe que o agente imobiliário seja incumbido pelo proprietário (no caso de venda ou arrendamento) de mediar a oferta do imóvel, tendo este manifestado a sua concordância com a mediação.

6. Âmbito de aplicação

O processo de correspondência imobiliária aqui descrito é aplicável à venda e arrendamento de imóveis em propriedades para habitação e propriedades comerciais. Para imóveis comerciais são necessários atributos adicionais adequados ao imóvel.

No caso dos interessados é possível, tal como ocorre na prática, tornar-se também num agente imobiliário quando, por exemplo, se age por conta de clientes.

Em termos de mercado geográfico, o portal de correspondência imobiliária pode ser transferido praticamente para qualquer país.

7. Vantagens

A correspondência imobiliária descrita no presente documento oferece grandes vantagens aos interessados relativamente à compra ou arrendamento de imóveis, quando, por exemplo, procuram imóveis na sua região (local de residência) ou noutra cidade/região devido a exigências profissionais.

Basta preencher o perfil de pesquisa uma única vez para receber ofertas de agentes imobiliários ativos e imóveis correspondentes na região pretendida.

Para o agente imobiliário este sistema apresenta grandes vantagens em termos de eficiência e economia de tempo no processo de venda ou arrendamento.

Conseguem obter imediatamente uma visão do grau de interesse dos interessados nos imóveis oferecidos.

Além disso, os agentes imobiliários podem contactar diretamente o seu público-alvo, que através da criação do perfil de pesquisa descreve concretamente o imóvel dos seus sonhos (entre outras coisas, o envio de informações sobre o imóvel).

Desta forma é possível aumentar a qualidade dos contactos com os interessados, dado que sabem o que procuram. Isto reduz o número de visitas e consequentemente reduz também o período geral de comercialização dos imóveis anunciados.

Após a visita ao imóvel pelos interessados e em caso de êxito, ocorre, como habitualmente, a celebração de um contrato de venda ou arrendamento.

8. Exemplo de cálculo (potencial) – Apenas apartamentos ou moradias disponíveis (exceto apartamentos, moradias e propriedades comerciais arrendadas)

No exemplo abaixo será claramente demonstrado o potencial do portal de correspondência imobiliária.

Numa área de cobertura com 250.000 habitantes, como a cidade de Mönchengladbach, estão registados estatisticamente cerca de 125.000 agregados familiares (2 habitantes por agregado familiar). A taxa média de mudanças é de cerca de 10%. Por conseguinte, mudam-se por ano 12.500 famílias. O saldo de entradas e saídas de Mönchengladbach não será considerado. Ali, cerca de 10.000 agregados familiares (80%) procuram um imóvel para arrendar e cerca de 2.500 agregados familiares (20%) pretendem comprar um imóvel.

De acordo com o relatório do mercado imobiliário do Conselho Consultivo da cidade de Mönchengladbach, em 2012 ocorreram 2.613 processos de aquisição de imóveis, o que confirma o número acima referido de 2.500 interessados em comprar. Todavia, haverá um número superior, dado que nem todas as pessoas encontrarão o imóvel pretendido. Estima-se que o número real de interessados ou o número de perfis de pesquisa tenha duplicado em relação à média de mudanças em cerca de 10%, ou seja, 25.000 perfis de pesquisa. Isto significa, entre outras coisas, que os interessados criaram vários perfis de pesquisa no portal de correspondência imobiliária.

Importa ainda referir que até ao momento, metade dos interessados (compradores e arrendatários), num total de 6.250 agregados familiares, encontraram o seu imóvel através de um agente imobiliário.

Aproximadamente 70% das pesquisas foram feitas em portais de agências imobiliárias na Internet, num total de 8.750 agregados familiares (correspondente a 17.500 perfis de pesquisa).

Caso 30% de todos os interessados, ou seja, 3.750 agregados familiares (correspondentes a 7.500 perfis de pesquisa), numa cidade como Mönchengladbach, preenchessem o seu perfil no Portal de Correspondência Imobiliária (App - Aplicação), os agentes imobiliários poderiam estabelecer contacto com cerca de 1.500 perfis de pesquisa concretos interessados em compra (20%) e cerca de 6.000 perfis de pesquisa concretos interessados em arrendamento (80%) por ano e assim, oferecer-lhes os imóveis adequados aos seus interesses.

Isso significa que para uma procura com duração média de 10 meses a um preço de, por exemplo, 50 € por mês para cada perfil de pesquisa criado pelos interessados, o resultado é de 7.500 perfis de pesquisa com um potencial de vendas de

3.750.000 € por ano, numa cidade com 250.000 habitantes.

Num cálculo por alto, a República Federal da Alemanha tem um número aproximado de 80.000.000 (80 milhões) de habitantes, o que resulta num potencial de vendas de 1.200.000.000 € (1,2 mil milhões de euros) por ano. Se em vez de 30%, 40% dos interessados procurassem o seu imóvel através do portal de correspondência imobiliária, o potencial de vendas aumentaria para 1.600.000.000 € (1,6 mil milhões de euros) por ano.

Esse potencial de vendas refere-se apenas a apartamentos e moradias próprias. Os arrendamentos e investimentos imobiliários no setor de propriedades comerciais não estão incluídos nestes cálculos potenciais.

A Alemanha tem cerca de 50.000 empresas (incluindo empreiteiros, agentes imobiliários e outras empresas do ramo imobiliário) da área de corretagem de imóveis com cerca de 200.000 funcionários. Caso, por exemplo, 20% dessas 50.000 empresas utilizassem o portal de correspondência imobiliária com uma média de duas licenças a um preço de, por exemplo, 300 € por mês por licença, isto resultaria num potencial de vendas de 72.000.000 € (72 milhões de euros) por ano. Além disso, caso seja criado um registo regional dos perfis de pesquisa, é possível gerar um potencial de vendas considerável, dependendo da forma como o sistema é concebido.

Através deste elevado número potencial de interessados, com perfis de pesquisa concretos, os agentes imobiliários não teriam de atualizar permanentemente as suas bases de dados (caso as tivessem). Sobretudo tendo em conta que este número de perfis atuais de pesquisa muito provavelmente será superior ao número de perfis de pesquisa registados nas bases de dados dos agentes imobiliários.

Quando esse portal inovador de correspondência imobiliária for implementado noutros países, os potenciais compradores da Alemanha podem, por exemplo, preencher um perfil para a pesquisa de apartamentos de férias na Ilha Mediterrânea de Maiorca (Espanha) e os agentes imobiliários associados de Maiorca podem apresentar-lhes os apartamentos adequados, por e-mail. Como as informações dos imóveis são redigidas em espanhol, os interessados podem, atualmente, na Internet, com o suporte de programas de tradução, traduzir rapidamente o conteúdo para o alemão.

Para que a correspondência entre os perfis de pesquisa e os imóveis partilhados possa ser feita em todos os idiomas, pode ocorrer, dentro do portal de correspondência imobiliária, uma comparação dos respetivos atributos com base nos atributos programados (matemática), independentemente do idioma, e o idioma correspondente será classificado e associado. Para a implementação do portal de correspondência imobiliária em todos os continentes, o referido potencial de vendas (apenas pessoas que procuram imóveis) será descrito através de um cálculo simplificado, como abaixo se apresenta.

População mundial:

7.500.000.000 (7,5 mil milhões) de habitantes

1. População em países industrializados e países altamente industrializados: 2.000.000.000 (2,0 mil milhões) de habitantes

2. População em países emergentes: 4.000.000.000 (4,0 mil milhões) de habitantes

3. População em países em desenvolvimento: 1.500.000.000 (1,5 mil milhões) de habitantes

O potencial de vendas anual da República Federal da Alemanha, no montante de 1,2 mil milhões de euros, com 80 milhões de habitantes, será convertido de acordo com os fatores adotados de países industrializados, emergentes e em desenvolvimento.

1. Países industrializados: 1,0

2. Países emergentes: 0,4

3. Países em desenvolvimento: 0,1

Isto resulta no seguinte potencial de vendas anuais (1,2 mil milhões € x população de países industrializados, emergentes ou em desenvolvimento / 80 milhões de habitantes x coeficiente).

1. Países industrializados:	30,00 mil milhões €
2. Países emergentes:	24,00 mil milhões €
3. Países em desenvolvimento:	2,25 mil milhões €
Total:	**56,25 mil milhões €**

9. Conclusão

O portal de correspondência imobiliária apresentado oferece vantagens significativas às pessoas que procuram imóveis (interessados) e aos agentes imobiliários.

1. Os interessados reduzem claramente o tempo de procura de imóveis adequados, pois apenas preenchem o perfil de pesquisa uma vez.
2. Os agentes imobiliários obtêm uma visão geral sobre o número de interessados, com informações concretas sobre o que pretendem (perfil de pesquisa).
3. Os interessados recebem apenas imóveis adequados aos seus desejos (de acordo com o seu perfil de pesquisa), apresentados por todos os agentes imobiliários (praticamente uma pré-seleção automática).

4. Os agentes imobiliários reduzem as despesas com a manutenção das suas bases de dados individuais para perfis de pesquisa, dado que um grande número de perfis de pesquisa atualizados se encontra disponível permanentemente.

5. Como no portal de correspondência imobiliária estão apenas associados prestadores ou agentes imobiliários profissionais, os interessados entram em contacto apenas com profissionais e pessoas com muita experiência em mediação imobiliária.

6. Os agentes imobiliários reduzem o número de visitas às propriedades e o período total de comercialização. Por outro lado, são também reduzidos, para os interessados, o número de visitas e o tempo até à conclusão do contrato de compra ou arrendamento.

7. Os proprietários dos imóveis disponíveis para venda e arrendamento também economizam tempo. Além disso, uma baixa taxa de desocupação dos imóveis para arrendamento e um pagamento mais rápido no caso da compra de um imóvel, através de um arrendamento ou venda mais rápidos, podem também apresentar vantagens financeiras.

Com a realização e implementação desta ideia de correspondência imobiliária, é possível atingir progressos significativos na mediação imobiliária.

10. Integração do Portal de Correspondência Imobiliária num novo software de um agente imobiliário, incluindo a avaliação do imóvel

Como conclusão, o Portal de Correspondência Imobiliária descrito no presente documento pode ou deveria constituir o componente essencial de um novo software de mediação imobiliária, o qual poderia ser utilizado a nível mundial. Isto significa que os agentes imobiliários podem usar o portal de correspondência imobiliária adicionalmente ou podem, idealmente, utilizar o novo software dos agentes imobiliários, que inclui o portal de correspondência imobiliária. Através da integração deste portal de correspondência imobiliária eficiente e inovador no software dos agentes imobiliários serão alcançadas funcionalidades essenciais para a penetração no mercado.

Dado que a avaliação de imóveis constitui um componente essencial da mediação imobiliária, uma ferramenta de avaliação imobiliária deve ser integrada no software de mediação imobiliária. A avaliação imobiliária com os cálculos correspondentes podem ser acedidos através do cruzamento de dados/parâmetros relevantes e imóveis introduzidos/fornecidos pelos agentes imobiliários. Eventualmente, parâmetros regionais em falta podem ser adicionados pelos agentes imobiliários, através do seu próprio conhecimento do mercado.

Além disso, o software do agente imobiliário deve oferecer a possibilidade de integrar a visita virtual aos imóveis partilhados. Esta funcionalidade deve ser implementada de forma simplificada, através do desenvolvimento de uma App (aplicação) adicional para dispositivos móveis, que após um registo bem-sucedido da visita virtual, integra automaticamente o software dos agentes imobiliários.

Se o eficiente e inovador portal de correspondência imobiliária for integrado num novo software de agentes imobiliários, juntamente com a avaliação de imóveis, aumentará mais uma vez, por este meio, o volume potencial de negócios.

Matthias Fiedler
Korschenbroich, 31.10.2016

Matthias Fiedler
Erika-von-Brockdorff-Str. 19
41352 Korschenbroich
Alemanha
www.matthiasfiedler.net

www.ingramcontent.com/pod-product-compliance
Lightning Source LLC
Chambersburg PA
CBHW071528210326
41597CB00018B/2924